달그락 쨍그랑

국립중앙도서관 출판예정도서목록(CIP)

달그락 쨍그랑 : 조성범 시집 / 지은이: 조성범. -- 대전 :
지혜 : 애지, 2017
p. ; cm. -- (지혜사랑 ; 174)

ISBN 979-11-5728-239-5 03810 : ₩9000

한국 현대시[韓國現代詩]

811.7-KDC6
895.715-DDC23 CIP2017016494

지혜사랑 174

달그락 쨍그랑

조성범

지혜

시인의 말

온갖 풍파 다 겪은 양
한치 앞도 모르면서 다 아는 양
반풍수가 되어 썼다
쓰면서 지독히도 앓았다
위선과 오만의 시간이 괘종처럼 울어
시간을 되돌아보지 않을 수 없었다
0시, 스물네 번의 괘종이 울고
겨우 돌아왔다.

시와 내가 어찌 꼭 같을 수 있겠는가,
바르게 살자고 하는 말 아니겠나
용서를 구하자고 하는 말 아니겠나
제법 먼 길을 걸어 왔다
다리에 알이 배었으리라는 생각에
바지통을 걷어보니
묵사발이 된 종아리며
내 한 몸 지탱에도 툭툭 터진 발뒤꿈치,
당신도 그런가?
그렇다면 우리는 도대체
어떤 길을 걸어왔을까,

2017년 7월

차례

2부 공으로 살았으면

3부 이웃

4부 꿰맨 양말

5부 재활

• 일러두기
한 연이 첫 번째 행에서 시작될 때는 > 로 표시합니다.

1부

모르듯이

송장메뚜기

눈을 뜨고도 풀지 못하는
생의 의문을 더듬이로 풀고 있는
송장메뚜기.
하오의 시간은 왜 차고,
봉분을 덮고 누운 사람들의 온기는
왜 따스한지,
망자의 머리는 북쪽, 다리는 남쪽
음지의 영혼도 죽으면 양지로 드는
여기는 세상과 반대라며
더듬이 하나를 뒤로 젖힌다.
방향을 잡은 듯
땅에 스며들지 못한 늙은 햇살 위를
알을 싣고 날아 본 한 때의 경험으로
송장메뚜기 난다.

나이를 먹지 않고는 모르는
갈색과 갈색의 조화

문종이

질겨도 유독 물에는 약해
쉽게 찢어지는 얇은 문종이
풀을 먹여 문살에 바르면
흐느적 연약해도
마르면 삭풍에도 끄떡없는
어머니 강단 같은 탱탱한 문종이,
틈을 찾는 바람이 온 집을 뒤져도
바람 분다 바람 들라
온몸으로 막아 주던
내 어머니 모습 같네

어쩌다 창호지에 구멍이 나면
무슨 탄식소리 같은 게 납니다.

행여나

작물에 줄 똥을 모으는 생태 뒷간
앉으면 맑고 향기로워
노래 한 구절이 저절로 나온다

내가 먹은 것 똥이 되어 거름이 된다니
세상 음식 가려서 먹어야겠다
행여 검은 싹이 돋을까
행여 구릴까 싶어

순장

아빠, 순장이 뭐예요?
아들아, 순장이란
네 할아버지 돌아가셨을 때
국거리가 된 소 같은 이야기란다.
고삐도 멍에도 그때 다 풀리지
그럼 좋은 거예요? 아니, 그래서 없어졌어.
순장을 한 고분군 덧널무덤을 보면
가자하면 가고 서라 하면 서던
말 잘 듣던 일소가 떠올라
집안 대사를 치르고 나면 외양간에는
뼛조각 같은 짚만 남았지.

무덤 속에서 그런 흔적이 보였어
나 같으면 도망이라도 쳤을 텐데라는
생각도 들었지.
죽는 것도 사는 일의 일부라고 믿었던
먼 조상들의 성대한 의식
순장은 제도라기보다는 아마 순종이었지 싶어,
지금도 소는 뚝심으로 주인을 따르지만
미안한 생각 저 고분처럼 부풀어
영 마음이 무거워.

조선간장

장독에 소금물을 붓고 메주를 담그면
하얀 정월이 얼었다 녹았다 이열이 들면서
독 속에 서서히 검은 물 우러나는데,
그러면 우리는 그것을 단지
잘 뜬 간장이라고 하지만
삶의 전부가 정월이었던 내 어머니 속도
저처럼 검었겠구나 싶다
기억하면 장독 속에는
숯과 고추가 영문도 모르게 떠 있었고
툭툭 터진 메주가 잠겨있었는데
왜 난 독 속에 해와 달이 있었다고 기억할까
어머니가 돌아가신 뒤로 독은 비고
빈 장독에는 아무것도 들지 않았다

사다 먹는 양조간장
장독 속 해와 달을 모르니 그냥 까맣다

모르듯이

막 날개를 단 곤충들이 부양을 합니다
날아본 경험이 없는 벌레를 놓칠세라
오르락내리락 새도 바쁩니다
아수라장이 된 숲을 날다 길에 떨어진 풍뎅이,
손이 가도 날지 않습니다
혹시나 싶어 마시던 커피 한 방울 줘 봅니다
입을 달싹거립니다, 신기하다 싶은데
갑자기 납니다, 깜짝 놀랐습니다.
커피에 의지한 내 기운 같아서요,
가끔 구사일생으로 살아난
운 좋은 사람들의 전쟁 이야기를 듣습니다
무언가가 돌봤다고 각자 생각대로 말합니다
풍뎅이는 지금 무슨 일이 일어났는지 모릅니다
애벌레 적 생사의 줄타기를 모르듯이,
어떤 관용의 힘으로
내가 새 날을 맞는지 모르듯이,

순환의 고리 5

아이가 자라서 어른이 되고
어른이 늙어 영영 땅이 되면
꼭 닮은 아이가 산소에 와서
아버지의 아버지 이야기를 듣고
신기하게 여긴다
그러다 문득
"왜 죽었어"라고 묻는다

툭! 상수리 한 알이 떨어진다
"저게 죽어야
너 만한 싹이 나와"

복원

죽어 간다는 사실에도 온천천이 살아나고, 수영강이 살아나고, 덩달아 동천에서 뛰는 물고기. 죽었다는 것과 죽어 간다는 것의 차이는 가망이 있고 없고다

새벽이면 부연 입김을 뿜으며 산 번지는 깨고, 말끝마다 죽겠다던 사람들은 실낱같은 희망에도 지류를 따라 흐른다. 해가 저물면 기대도 저물어 검은 얼굴로 돌아오지만, 죽지 않고 내일이면 다시 살아날 것이네

그리고 어느 날, 저 동천 '썩은 다리' 위를 찾아와 노는 갈매기처럼 그때는 죽다가 살아났다고, 하얗게 회복된 몸을 펼쳐 보일 것이네. 보라고 솟구치는 밀치 한 마리

성묘 2

씨가 날면 잔디가 못 산다고
이불 홑청 훔치듯 잡풀을 쏙쏙 뽑던 어머니

손톱 밑 까매지면 동장군도 못 걷을
두툼한 이불 한 채 지었네

소슬한 뫼등을 3대가 주무르니
사나 죽으나
내 아버지 사랑받아 좋겠다

세상 하나 더

바다를 끼고 산다는 건
세상 하나를 더 두고 사는 일입니다
집 앞 파란 신호를 보고 건너면
서시오 가시오가 없는 늘 푸른 동해
보세요 사람의 소리가 주인이 아닌
소라껍질에 담긴 태초의 소리와
아침이면 빙하기를 겪고도 죽지 않은 해가
뭍의 밤이 추워 웅크린
영혼들 위에 일출 또 일출
죽어도 살아나고 죽어도 살아나는
그 모습을 보세요
그래서 부르르 밤을 털면
오늘은 윤슬처럼 빛나고
어제 죽은 생각 다시 되살아납니다
바다에는 벽이 없습니다
수평선만 두고 있는 평등의 나라
새날을 주는 기회의 나라
이런 바다를 지척에 두고 산다는 건
내가 만약 세상에 다시 태어난다면
그런 이루지 못할 바람을
이루고 사는 것입니다

꽃샘추위

겨울은 다 갔느냐고
바닥까지 내려간
십구공탄 장수를 세는 벽
삼백육십오일 내내 추웠다고
바람 풍, 바람 풍
검은 상형의 낙관만
빈 벽 가득 찍어놓았다
연탄 끝이 닿아보지 못한 높이에는
눈의 입자 같은 빈 거미줄…
연탄 나누기의 온기가 식은 봄,
산 번지의 추위는
다시 꽃샘추위로 든다

봄과의 협약

사람이 떠난 자리,
더 이상 생기는 없으리라 생각했다
빈집을 기웃거리며
산과 들, 짐승과 사람이
한때 한 호흡을 하며 살아가던
'농자천하지대본'의 품위를 떠올린다
아직 발아의 힘이 남아있는 고방에는
흙냄새 같기도 하고, 두엄냄새 같기도 하고,
어쩌면 땀 냄새 같기도 한, 묵은 냄새가
봄과의 협약을 기다리고 있다
뻐꾸기 소리를 기억하는 종자 씨,
흙냄새를 기억하는 씨감자,
그러나 농부의 백기는 종자의 희생을 부른다
흙에 뿌리를 내리지 못한 씨감자,
온몸이 쭈글쭈글해지도록
제 몸 먹여 파란 순을 키우고 있다
봄은 죽어가는 그 어떤 것도
그냥 두지 않는다는 기억으로

남자 체면

얼마 전까지만 해도 똥통에 빠지면 똥떡을 해먹었다는 사람들이 있었습니다. 좌변기에 앉아 볼일을 보면서부터 이 일은 전설이 되었죠, 요즘은 남자도 앉아서 소변을 봅니다. 그도 그런 것이 제집에서나 남의 집에서나 서서 소변을 보면 끓는 기름 마냥 오줌이 튀어 다음 사람 엉덩이 지립니다, 세상이 변했으니 바뀌기는 해야겠지만 대장부 체면 말이 아닙니다. 돌아보면 똥지게를 지고 똥거름을 흩던 옛날 아버지들 당당했습니다. 요즘 남자들 그때가 좋았다고, 좋았다고 목청 높여보지만 “여보 화장실 청소 좀 하고 나와요” 빨간 고무장갑을 낍니다. 앉아서 본 소변 수세식으로 내리자 좌변기에 마중물 무녀리처럼 고입니다.

이상한 꿈

바느질을 하려던 마누라, 돋보기를 끼고도 구멍을 못 찾고 긴 한숨만 꿰어 내게 바늘을 넘길 때면 그까짓 것 해보지만 몸과 마음이 따로 놀며 이리저리 바늘귀를 빗나가는 실오라기

바늘귀를 통과한 실만이
바늘구멍에 들어갈 수 있다
바늘구멍을 통과한 실만이
비단 금침을 누빈다

되새겨보지만 내 한때의 구호도 빗나가고 불면의 날로 지샌 안구의 노화, 그 눈에 학습의 효과도 소용없는 현실과, 생각의 괴리와 가시만 한 몸으로도 바늘구멍을 통과하지 못하고 오래 누워 고생하다 죽은 아버지가 보여 난 영 이상한 꿈을 꾼다. 돌아갈 저 세상만큼은 단번에 통과하자고,

다시 실 끝을 뾰족하게 말자 이번에는 바늘귀가 세 개로 퍼진다

섬이 생긴 자리

아랫목에 섬 하나가 생겼다
섬이 되기까지 몇 번의 일몰이 있었는지
서까래에는 밤의 덧칠이
아궁이에는 하루하루를 사른 재 무덤이
흙 구들이 터지도록
불을 지펴야 했다고 증언한다

어머니, 언젠가 메주를 띄운다고
방안에 섬 하나를 지으셨죠
두엄 냄새가 나고 파래 같은 곰팡이가 슬면
저것을 어디에 쓰나 싶었던
어린 추억이 있습니다
불을 다루는 어머니 손에 겨울은
기세를 접었고 구들목에서 뜬 메주를 보며
이것만 있으면 세상 걱정 없다던 당신은
섬처럼 외롭고 눈물이 많았지요
그것을 매번 매운 연기 탓으로 돌렸지만
그럴 때마다 아랫목에는 섬 모양의 문양
점점 커져만 갔고 석양 짙었습니다
밤이 수만 차례 물때같이 지나가고
그 자리에 찬 노을에 감긴 섬 하나
고독한 어머니 나라처럼 떠있습니다

이제 걷어야겠습니다

검붉게 탄 나일론 장판을 걷어내자
한 번도 바깥으로 흔적을 드러낸 적 없는
금과 금이 방안에 뿌리로 뻗어있다

2부

공으로 살았으면

철부지도

얼마나 부쳐 달라하는데
소 한 마리 값은 되데요
시골집 어매 아배
그런 말 나눌 때면
어미 소 눈망울 두 배로 커지는데
말귀를 모르는 새끼소는
젖통만 치받는다
뿔이 솟아 굽어지기 시작하면
송아지도 멍에를 쓰고,
얼마나 부쳐 달라하는데
소 한 마리 값은 되데요
다시 그런 말 오갈 때면
그제사 말귀를 알아듣고
뿔 굽은 눈망울이 두 배로 커진다
내 몸집도 큰 소만해졌다

두레박

탄두가 꽃잎처럼 날던 유월,
참호 속 갓 스물의 청년은
두개골에 고인 물로 해갈을 하던 전장에서
감겨있던 기억의 끈을 풀어
고향의 얼이든 우물물 한 두레박을 퍼 올렸다
육체의 갈증이 심할수록 이상하게
물을 마시고 싶다는 생각보다는
우물을 들여다보고 싶은 충동이 일었다
그 속에 혈육, 동무, 무궁한 하늘…
채 해갈이 되기도 전에 "따당!"
두 발의 총성이 울렸다.
철모를 관통한 구멍에서 피가 쇳물처럼 흘렀고
청년은 들여다보던 우물 속으로 떨어졌다

첨벙,
두개골 모양의 철모로 우물물을 긷는다
이승의 끈에 달린 철모 정수리에서
쏜 자도 죽은 자도 모르는 두 줄기 이념이 흐른다
묘비번호같이 나열된 일련의 숫자,
그런 철모로 우물물을 퍼 올려 등목을 하면
한여름에도 부르르 소름이 돋는다

순서

일 능이
이 표고
삼 송이
무슨 뜻인가 싶었다
비싼 순서일까,
많은 순서일까,

사람이 사람에게
등수를 매기던 사람들이
맛으로 순서를 가렸다는데,
내 입맛에는 순서에도 없는
개암버섯이 최고다

곰팡이 포자에도 등수를 매기던 사람들이
한 부자를 가리켜 최고라고 치면
난, 가난한 사람들이 순서 없이 모여 사는
산의 1번지를 제일로 친다

영도

깡깡이 소리가 너울대고 사람 몇 적벽 같은 배 옆구리에 붙어 석청을 따듯 용접을 한다. 허공에 불똥이 튀고 하루에도 몇 번씩 사이렌이 운다. 어스름 저녁이 폐유처럼 도크에 스미면 쇳가루 용접 똥이 묻은 하루치 노동을 털고 조선소를 나서 봉래동 기슭을 오르는 사람들, 낮의 두려움이 빤히 내려다보이는 그곳은 기대지 않고는 살아갈 수 없는 집들이 서로 맞벽을 하고 산다. 어둠이 봉래산 능선까지 오르면 동편에 하나둘 별이 솟고, 맞벽 집 백열등 하나, 둘, 왕벚꽃처럼 피어 검은 바다를 붉게 수놓는다. 영도, 밤이 더 이상적인 시간이다. 아침이면 다시 해무 속 깡깡이, 사이렌

알게 되면

어릴 때는 내 꿈이 뭐냐고 물으면
대장도 되고 대통령도 되었는데
어른이 되니까 걱정만 대왕이다
늙으면 왕만 한 걱정조차 없어질까

가끔 절벽에서 떨어지는 꿈을 꾼다
키가 큰다는, 무엇을 이룬다는 해몽이지만
다 자란 소년의 신음에 눈을 뜨면
태양보다는 언제나 새소리가 먼저다
더 클 수 없다는 자각에
걱정의 끈을 조우고 문을 나서면
입을 쫙쫙 벌리는 일곱 켤레 신

꿈이 또 다른 꿈이 되어
나서는 새벽길엔 교훈 같은 새소리
어미 새는 오늘도 새끼의 비상을 위해
제 배를 채우지 않고
벌레 한 마리를 꽉 물고 높은 데를 난다
어떤 꿈도 이 순간을 앞서지는 못한다

동방예의지국

수대를 거친 멍석에 둘러앉아 스무고개를 넘듯 집안 이야기를 펼칠 때면 가끔 몸 둘 바를 모를 때가 있다 "내 항렬이 '현' 자니까 '래' 자면 아재뻘 되니더" 아버지 고향마을 육십 줄 조카님이 열아홉 살 아재의 항렬을 짚는다

근대적 사고를 배우고 학교에서 돌아온 막내딸이 묻는다 "아빠 우리 조씨 시조는 누군데? 숙제야." 선생님, 뿌리를 알아야 존재도 알지만 가지 하나만 벌어져도 촌수를 모르는 요즘 아이들에게 시조는 별나라쯤 됩니다

벌어진 가지도 한줄기라고, 사촌 오촌부터 착착 가르치면 훗날 어린 아재도 안절부절 않겠지요

100세 시대

넝쿨이 마르며
호박이 누렇게 익었다
늙은 사람 품에는 자손이 많고
늙은 호박 속에는 종자가 많다

잘 살아왔다고
잘 늙었다고
아직 식지 않은 햇살이
누렁누렁 호박 위에 머문다

3대가 지나도 할아버지 골격을
속 빼닮은 아이들,

늙은 호박과 똑같은
3대째 씨받이 호박 모종

다시 봄이면 3대째 아이들은
3대째 씨받이 모종을 심고
넝쿨은 아이들 장난기처럼
온 담을 타고 놀 것이다

갑골문자 2

머리도 감기고
얼굴도 씻기고
밥 한술 떠주신다
내 몸에 살아있는 어머니
이 삶
내가 죽을 때까지라고
내 손등에 갑골문자로 남겼네
그래서일까, 무엇을 빌듯이
손을 자주 문지른다

베이비부머

푸른 부리 붉은 목청도 한때
혼자 뒤적뒤적 양지만 뒤지다가
그것도 힘겹다 꾸벅꾸벅 부리를 박는다
그래도 수탉이라 두꺼운 닭발 비늘

퇴근길 지하철
뜰 때 뜨고 질 때 져야 제 모습이지만
낮달처럼 흐르다 지는 것도 힘겨워
일찌감치 자리를 잡고
눈꺼풀 주름지게 감고 있다

억지란 오래참기 어려워
가끔 후줄근한 눈을 떠 보기도 하지만
그러다 마주치면 어색한 눈길
과거여 좌석으로 가려면 현재는
더 두꺼워져야 하네
저 늙은 닭발 비늘처럼

영역

컹컹대던 용맹은 어디 가고
꼬리를 지팡이로 쓰고
어슬렁, 길 되짚는 개
이 구석 저 구석 킁킁대며
기억을 찾지만 희미한 냄새
마주친 개가 "깡" 하자 "깽" 한다
말년의 서열은 영역 밖
"개 삽니다. 고양이 사자"
개장수도 무시하고 그냥 간다

한때의 영역 대신 드러낸 빗살무늬 갈비
늙은 육신 얼마든지 머물다 가시라고
등피를 치고 있다

공으로 살았으면

며늘아 세상 참 살맛난다,
옛날에는 육십 고려장이라고
육십만 넘으면 사람 취급도 안 했는데,
무슨 조사를 해보니까 육십은 청춘이고
칠십은 넘어야 노인 축에 든단다
세상 참 오래 살고 볼 일이다.
어머니, 시어머니
애 아범, 만 육십에 복지혜택 누린다고
은근히 기다리다 다섯 살 연장되고
내일모래 육십 다섯, 연금이라도 받아야
제 몸 하나 건사하며 살 텐데
칠십이면 어쩌나 걱정이 늘어졌소
이게 어디 팔자를 고치자는 일입니까,
때가 되면 달아나고 때가 되면 달아나니
이래저래 복 없는 사람은
공물만 바치다가 죽겠소.
어머니, 시어머니, 우리 아이들은
이 세상 공으로 살았으면 좋겠소.

100세 시대 2

앉으라면 앉고 서라면 서고
사람보다 못할 게 없지만
대 소변 수발에 한술 더 떠
털갈이 때가 되면, 학을 떼는 마누라
그럴 때면 콩 볶듯 잔소리를 하며
습관적으로 셈을 한다.
개는 보통 15년 정도 산다고 하던데,
이 놈은 13살 저 놈은 12살
이제 조금만 더 참으면 되겠다고
꾹꾹 화를 누른다.
난 측은한 생각에 간식이나 주자고
야들아! 불렀더니
우리도 아이구 다리야 하고 앉고 서는
쇼파 위를 높이뛰기 선수처럼 차고 오른다.
살기가 좋아져서 사람 수명도
백수로 늘어났다는데 짐승도 그럴까,
마누라 안색이 창백해진다.

無의 절차

무의 절차를 미리 봅니다
영락공원 화장장, 더러 다녀온 적이 있어
낯설지 않습니다
우는 가족이 보이고 막 관이 들어갑니다
그런데 이상한 소망 하나가 생깁니다
방금 화장을 마친 망자가 생전에
사랑이 많았던 사람이었으면 좋겠다는
엉뚱한 생각이 듭니다
육신을 누이는 마지막 자리가
사나운 영혼이 누웠던 곳이라면
불더미보다 더 무서울 테니까요
그러자면 내 뒤를 따라 드는
소심한 망자의 입장도 생각해야겠지요

육신의 소멸 뒤에 열리는 하늘 길,
1시간 30분 후, 파란불이 들어왔다
분골된 뼈가 참 따뜻하네요
이제 세상에 끼칠 누 없어 편안할겁니다

안동 간고등어

산사의 목어와 강 버들치가
토박이로 사는 안동 땅,
언제부턴가 간고등어 산지가 되었다.
그것은 친정이 바다 쪽인 부산댁이
안동 김씨 종갓집 맏며느리가 된 것이나,
바다를 모르는 자식이 기항지에서
파도의 증언을 하게 된 것이나 같은 일.
타관의 삶이란,
산간 오지가 원산지가 된 간고등어 마냥
적도 바꿔야 하는가,
하루가 멀다 하고 제수 장을 보는
50년 종가 살이 종부는
바다의 기억이 들썩일 때마다
옛것의 추억보다
날마다 삼킨 설움이 간이 되어
후일담이 되기를 소원한다.
8번째 제삿날,
제상에 올린 간고등어 앞에서
갓을 쓴 제주가 축문을 읽는다.

3부

이웃

짝

얼마나 좋으면
꼭 붙어 다닐까

얼마나 좋으면
똑같이 따라 할까

그늘 드리운 날은
불러도 나오지 않는다

아이는

사람이 미워지는 날이면
미움이 뭔지도 모르는
병아리 세 마리를 사 가지고
종이봉투에 담아 집으로 돌아오던
몸이 노란 아이를 그려본다

이성은 얼음보다 차가워야 한다고
그래서 마음을 닫고 난 날이면
사흘 내내 졸다 죽은 병아리를 안고
펑펑 눈물을 쏟던 아이가, 나인지 아닌지
아이야, 아이야 불러본다

사람이 미워지는 날이면
미운 그 사람의 병아리만 했던 때를 그려본다

병아리 세 마리를 다 죽이고
난 차가운 어른이 되었다

누림

익은 꽈리 같은 얼굴로
열탕에서 옹알이를 하는 사람
묏등만 한 배를 안고 모로 누운 사람
풍장을 하듯 바닥에 누운 사람
한 때 핏대깨나 세웠겠지만
이제 더 뻗을 일도 없다는 듯
마른 넝쿨처럼 감겨있는 핏줄
그리고 은밀한 곳은 추억한다
대를 이은 일이나 꽃을 따던 일을

온천 효능 안내문 위에서
쟁기질을 하듯 시간을 갈며
콩죽같이 땀을 쏟는 시계
그래! 인생 소처럼 부릴 때도 있었지
용을 쓰던 아홉 시가 생각 난 탓일까,
노구의 누림이 쑥스러운
월요일 아침 온천

태평성대

와도 그만 가도 그만
가을비는 여유롭다

남은 가을걷이
호박이 비를 맞고 누렇게 늙어간다

이런 날은 술내기 장기판을 엎고
종일 방안에서 구렁이처럼
똬리를 틀고 있을 박가를 불러
호박전에 술 한 잔으로
노기를 달래주고 싶다

움푹움푹 호박 골을 타며
소고 소리를 내는 빗줄기
박가야 나오너라
오늘이 바로 태평성대다

5월 8일

— 축사에서

제 어미 품 떠난 어린 소 3일째 울음 운다
어느 하늘 밑 지났을지 모를 먼 허공 바라보며,
울어라 이제부터 아픔이다, 그래야 보이는 그리움이다
넌 타고난 운명답게 허공도 볼 줄 아는구나
낮에는 구름이 흐르는 곳으로,
밤에는 달이 기우는 곳으로,
서로의 눈길이 머문다는 것을 오오 아는구나

철커덩거리는 쇠 우리 소리가 울음보다 슬픈 날
난 몇 날을 더 울어야 천국에서 만나자던
엄마를 만날 수 있을까,

사람은 머리를 숙이고 울고 소는 머리를 들고 운다
죄 없는 소, 죄 많은 사람, 다음 날 그쳤다

외할아버지

단풍 든 만국기 아래
내 자식 망아지처럼 뛰던 때 어물쩍 흘러,
이제 내 자식의 자식이 단풍 든 날
운동회를 한다니까
내 어릴 적 소풍 가는 날 보다
더 기다려지는데,
그날은 사돈 내외도 온다니
더더욱 기다려지는데,
문득 마음 한쪽이 소슬해지는 건
무슨 일일까,
외손녀에게는 사돈이 먼절까, 내가 먼절까,
이 부질없는 망상이 보인 탓일까,
어른도 어르는 영악한 손녀
반응이 궁금하다

허물

야윈 장미 줄기에
허물만 남은 비상의 흔적

허물을 벗는다는 게
아이 낳는 것만큼이나 힘들었을 텐데
좀 더 단단한 나무를 붙들지 그랬냐고,
아이 셋 낳아보니
움켜쥔 쇠붙이도 엿가락처럼 휘어
하늘이 노랬다고,
염천에 늘어진 마누라 푸념

매미가 한 보름 극성으로 울면
난, 한철 버팀목도 되지 못하고
너무 쉽게 살아왔구나 싶어
미루나무에 걸린 하늘을 본다

불멸의 색

더 빨갛다 더 하얗다
가려서 보지 못한 하늘보다 더 푸르다

응달에 한 번이라도 눈길을 줘 본 사람은 안다
골침 같은 서릿발을 뚫고 핀 무명의 꽃이
어느 겨울 전사한 무명용사의 혈흔같아
아! 그게 불멸의 색인 줄을,

해가 들지 않는 음지의 꽃이
해보다 붉게 먼저 핀다
홀아비바람꽃도 하얗게 핀다

순환의 고리 3

하늘은 땅으로 하여금
제 몸의 생채기를
뭇 생명에게 나눠주도록 하였다
땅은 나무를 키워 새를 먹였고
새는 여기 저기 똥을 눠
씨를 퍼뜨렸다
씨는 산이 되고 들이 되었고
숲은 향기로웠다
똥은 상할 시간이 없었다
사람도 죽으면 흙이 되는데
나중에는 산이 되고
한 가문의 씨가 된다

잘못한 일

큰고모 뵌 지 오래라서 설 인사드리러 갔다. 이 집인가, 현관에 들어서도 정적만 돌아 방안을 들여다 보았다. 그곳엔 병중의 한 아버지와 머리맡에 조아린 어린 자식 둘, 난 위중한 순간이란 직감과 남의 집이라는 사실에 용수철처럼 튀어나왔다.

그런데 조금 전 일이 의아해졌다. 분명 모르는 집인데 왠지 낯설지 않다는 생각과, 유언의 뜻도 모르는 자식이 무슨 임종의 말을 듣고 있는지 언제 꼭 본 듯한 느낌이 들었다. 더 이상한 건 그 와중에도 아무런 소리가 없었다. 그래서 문득, 저 병중의 아버지가 이미 죽은 나인지 내 몸을 만져본다.

손에 작은 선물이 있었다. 아흔 다 된 고모가 그냥 오지 그랬냐는 설날, 얼굴도 모르는 아이들이 우루루 달려들었다. 순간, 이런 재미도 잊고 천륜을 지키던 아이들 생각에 그 집에 두고 오지 못한 선물이 내내 마음에 가시가 되었다.

잘못한 일이란 한쪽 구멍을 막으면 다른 쪽 구멍을 뚫고 나오는 두더지 마냥, 비슷한 일만 일면 가시가 돋친 머리를 쑥쑥 내민다.

어머니와 된장

어머니를 여의면 장맛도 잃는다
찾다 보면 엄마와 꼭 닮은 이모가 담근 된장이
가장 비슷한 맛을 내긴 해도 다르다

우유와 젖맛이 달라도
다른 줄 모르고 우유를 먹는 아이,
모유를 먹지 못한 설움보다
젖을 뗄 때 설움이 더 커 우는 아이,

살다 보면 잃은 것이 간절해질 때가 있다
아이 울음보다 더 큰 울음을 삼키면
세상 어디에도 없는 어머니,
세상 어디에도 없는 맛,

벌

말 못하는 짐승도 돌봐주면
앉으라면 앉고 서라면 서고 순종을 하는데
뼈가 여물도록 키워준 부모는
개밥에 도토리 취급이다

사는 일 그냥 되는 법 없다고
우연히 개 두 마리 사람처럼 들였는데
늙은 부모 봉양보다 몇 곱은 힘들어
힘들구나 죽겠구나 절로 방언이 터진다

인과응보
내가 한 일 하늘은 기억하고
봉양대신 개 수발시키는데
세상에는 여러 가지 벌도 다 있구나 싶어
머리가 절로 끄떡여진다

이웃

죽은 이웃도 없으면 슬픔은 배가 된다. 먼저 쓴 몇 기의 무덤만 파리한 정월 공동묘지, 황토마사가 따로 노는 봉분에 절을 하고 돌아서면 제에 쓴 산적을 기다리는 까마귀. 추워 떼가 살려나, 그런 기우에도 봉분에는 한 뼘이나 잔디가 자랐고 옆 묘 터에도 망인이 들었다.

시인 '한찬식의 묘'. 평소 내 이웃은 나와 비슷한 처지였으면 하시던 아버지의 바람이 통했을까, 서로 다른 명정을 둘렀지만 일찍 세상을 뜬 일이나, 한을 글로 풀던 일이나, 같은 크기의 묘지에 든 일이 같다. 그런데 함경도가 고향인 시인이, 경상도가 고향인 아버지가 여기서 영면하게 된 것은 다 산자의 뜻인데 왜 죽은 자의 뜻같이 느껴질까,

영락공원 제9묘원 47구역, 산자의 동네나 죽은 자의 동네나 새로 사람이 들면 서로 이웃이 된다. 난 성묘를 가면 죽어 이웃이 된 한찬식 선생의 문안도 함께 여쭙는다. 잔디가 눕자 벼슬 없이 살았다는 선량한 처사, 학생의 비석이 독자처럼 들었다. 지금은 빈집이 없다

노인과 허수아비

허수아비마냥 꼼짝 않고
장기를 두는 두 노인 곁으로
훈수꾼이 뱁새처럼 모여들어 쫓아댄다
궁지에 몰린 노인이 버럭 소리를 지르자
잠시 잠잠 하더니 다시 중얼중얼
쫓아도 소용없다
날이 저물어야 훈수꾼은 돌아가고
다시 혼자가 되고 마는 노인
속이 후련할 것 같지만
실은 새떼가 극성을 부리는 아침을
날마다 기다린다
가을 논에 홀로 선 허수아비
소매 자락 펄럭이며 새를 쫓아보지만
새에게는 너무 익숙해서
아예 머리 위에까지 앉는다
새 쫓을 궁리는 허사, 같이 논다

4부

꿰맨 양말

달그락 쨍그랑

— 비빔밥

아무리 맛깔나는 삶이라도
한 가지 맛으로만 산다면 그건 싱거운 일.
자란 곳이 서로 다른 나물에
생의 감초 같은 고추장 두어 숟갈 넣고
밥과 함께 비벼보면, 쓰고 달고 맵고 짠
제 잘난 맛은 없고 팔도의 맛을 낸다
사람 사는 동네도 가난한 동네는
열두 곳도 더 거쳐 온 영혼들이 모여
달그락 쨍그랑 오만가지 소리를 내며 사는데
무슨 맛으로 사는지는 몰라도
보면 서로 머리를 숙이고 웃음을 섞는
비빔밥 같은 사람들,
어쩌다 함께 밥을 먹는 날이면
한 양푼 가득 밥을 비벼 여러 개의 수저로
달그락 거리며, 누가 먼저랄 것도 없이
서로 더 먹으라며 밥을 미는
서로 성이 다른 사람들

꿰맨 양말

두 짝이 하나인 양말
엄지발가락 쪽이 잘 터진다
발뒤꿈치가 잘 헤진다
아버지의 길 같은, 어머니의 길 같은,

양말은 떨어져도 재봉틀을 쓰지 않는다

쉽게 터지지 않게 양쪽을 말아
한 땀 한 땀 손으로 꿰맨 양말,
그 자국 창피해 신지 않으려는 것은
그 힘을 모르기 때문이다

꿰맨 양말을 신는다
발가락이, 발뒤꿈치가 터지도록 키워준
아버지, 어머니의 무쇠 같은 힘이 발에 실린다

까짓 평지쯤이야, 산 쪽이면 어떠랴
터지고 헤진 자리 더 야물어 솟는 용기

사람도 그런데

철도 모르고 겨울에 핀 장미
마음만 먹으면 딸 수도 있는데
그냥 두기로 했다
사람의 마음도 이런데 하물며 신이야,
두꺼운 경전을 펼치면 부활하신 예수의 예언
보고도 믿지 못해 찢어진 늑골에 손을 넣는
도마의 의심이 더 사실적이란 내 생각에
당신은 얼른 벌하지 않지만
압니다, 겨울 막바지를 견디는
내 모습이 차마 대견해
그냥 두기로 한 줄을,

고추 2

땡초보다 매운 세상에서
땡초보다 매운 사람들이
매워도 끊고는 못 산다고
위로를 건넨다
그렇네
다시는 먹지 않겠다고 해도
또다시 구미가 당기는 것을 보면
끊기는 틀렸네

장돌림

선달 한기도 시린데
정월 초하루가 내일 모레
제수장도 봐야지만 들떠있는
자식새끼 설 옷 한 벌 해줘야지
객지 해는 강구장 파장 길에 들고
"좀 팔았니껴" "어데예"
주름진 말들을 주섬주섬 챙기는
손이 곱은 사람들,
손이 곱아 몇 푼의 지전도
세기 힘든 사람들,
"내일은 영덕장이니더
장이 제대로 설라나 몰라도
우짜니껴 공쳐도 돌아야지러"
대목장을 돌아도 꿍 언 주머니
그래도 후후 곱은 손을 녹이면
따스운 입김이 솜처럼 인다
씽씽 동장군도 지는 장터

가을

한바탕 절정
사나이다웠다고
휘고 옹이 진 나무를
바람이 다독이자
막 정사를 끝내고
장엄한 최후를 맞는
수 사마귀의 울음이
가지에 인다

휴머니즘 3

서리 맞은 베짱이와
스쿠루지 같은 개미가 생각나는 계절이다

똑, 똑, 똑,

결코 내어주는 법이 없는
개미가 빗장을 푼다

수고를 아는 자가
아픔도 아는가 보다

태풍

바다가 그저 그런 것이면
어디에다 생을 비추어 볼 것인가
방파제를 갈라 치는 파도가
폭뢰처럼 터진다
내항에 몸을 숨긴 배들이
꾸욱꾸욱 멀미를 한다
미처 피하지 못한 배 한 척,
표류하던 내 한때의 초상처럼 흔들린다

태풍의 중심에는 고요한 눈이 있고
생각보다 빠르게 지나간다
견딘 자만이 물비늘 반짝이는
항로에 다시 오른다

유성 장

언제부턴가 자주 땅을 보고 걷는다. 어떤 날은 인도에 오른 지렁이가 새까맣게 발을 달고 필사로 수축과 팽창을 하고, 어떤 날은 그 길에 오른 민달팽이가 뙤약볕에 몸을 틀지, 살겠다지만 쉽지 않을 거지,

반 토막이 된 몸에 검은 고무판을 대고 찬송가를 틀고 장바닥을 기는 잡화 장수, 달팽이처럼 온몸을 틀면서도 어떻게든 제 몸 하나는 건사해보겠다는 고무줄 장수, 등이 굽어지기 시작하며 보이기 시작한 사람들, 살겠다지만 쉽지 않을 거지,

몸이 마른 지렁이를 길옆 화단 풀뿌리 밑에 넣어주자 살아보겠다고, 살아보겠다고 꿈틀대던 유성 장 난달이 설핏 스친다. 옅은 온기에도 깨어나 풀등을 기는 애벌레 곧 날개를 달겠지,

고래고기 장수

근을 묻는다. 추의 무게를 견디지 못한 저울대가 중심을 잃을 때면 손으로 눈금을 줄여가며 기울기를 맞춘다. 간닥간닥, 대가 수평을 이루면 합의점에 이른 것이지만 언제나 그렇듯 파는 이의 마음이 후했다. 좀 더 달라는 엄마의 성화에 핏기 흥건한 고래 고기 살 한 점 쓱 베어 덤으로 얹으면 뿌-우 저울대가 울며 하늘로 곧추섰다. 서로 흡족했다. 작은 손저울로 고래만 한 인심을 담아주던 울산 동구 방어진 적산가옥이 안태 고향이라던 고래고기장수, 새벽이면 귀신고래처럼 나타났다 곧 미로 같은 도시의 골목길로 사라졌다. "고래고기 사이소" 이어 동이 텄다.

고추

세상 일 풋것일 것만 같아도
잡는 것마다 바짝바짝 약이 오른 일
아직 가리는 법을 모른다

우수

이 비 그치면
여려 꽃 향 아지랑이로 피고
밥상에는 달래 향 짙은 된장
생기로 오르겠네
자박 자박 자박
어서 오시게 우수

후회

해가 중천은 넘어야 진정이 될 텐데
헤어짐도 아침이면 더 서럽다

아버지, 우리 갑니다
몸조리 잘 하세요

"하루만 더 자고 가거라"

아이들 밥도 그렇고,
신랑 직장도 그렇고,

"그렇게 바쁘면 오지 말지 뭐하러 왔노"

늙은 병석의 마음, 눈에 밟힌다고
그때 하루 더 자고 올 걸,
그때 하루 더 자고 올 걸,
기일만 되면 넋두리 이구동성이다

재개발

부서진 담장 너머 후박나무 가지를 오르내리며 짖어대는 직박구리,
그래! 그곳이 어디 사람만 살던 곳이냐, 기는 것이나 나는 것이나 드나들기 좋게 구멍 숭숭 난 곳이었지

이제 새 번지가 생기면
수백 수천 칸에 사람이 살아도
누가 사는지, 누가 가는지도 몰라

그래! 그곳이 어디 그런 곳이냐, 가슴에 구멍 많아 술만 마시면 혀 세는 소리를 하다가도 아침이면 미안해하는 사람들, 남의 집 생선을 훔쳐 먹고 입을 닦는 고양이, 마주치면 쫓다가도 그냥 두는 사람들, 그런 이웃이 무녀리처럼 모여 살았지

형편이 달라질 거라며 공짜 선물에 꾹꾹 도장을 지르던 사람도, 골목을 잃으면 오백년 당산나무 그늘을 잃는 것과 같다며 목젓을 조이던 사람도, "꼭 연락 하소, 또 봅시다." 그러다 부질없다는 듯 "잘 사소" 라며 떠났지, 이제 수백 수천 칸이 생겨도 그 정은 없어

막 부순 집터, 주인이 부르면 달려와 자반뒤집기를 했을

개 한 마리
　이름을 잃고 추억한다

5부

재활

눈 속에서

밤새 산속에서
아이 우는 소리가 났다
긴 추스름 끝에
새벽
밖이 환했다
생각대로 눈이 왔고,
지근거리에 밤새 아이처럼 울던
고라니 발자국 몇,
겨우내 짐승처럼 울던 가지에
핏기 어린 매화꽃 몇,
첫 흔적을 남겼다
태동의 시간,
눈 속에서 다시
아이 우는 소리가 났다

재활

오래도 썼네
모가지가 부러지도록 바람을 저었네
세상 열 뜨거워도 우리 가족
고장 난 바람으로 가실가실 식혔네
가끔 선풍기에서 탄내가 났다
그런데 땀내라고 기억을 하네
사력을 다해도 회전도 못하고
딸깍거리는 선풍기, 그래도 바람은 일어
그 바람 아까워 올여름도 쓰네

풍병이라지,
아버지 세상 맞받아치다가 바람을 맞았네
고물 같은 손에서 담배 냄새가 났다
그런데 생을 태운 냄새라고 기억을 하네
온 힘을 다 써도 한 발짝 띄기도 힘들지만
서겠다는 의지가 있어
이 세상 한쪽 수족으로도 살았네

성묘

낮아진 봉분에 핀
소리쟁이, 패랭이 꽃
손톱 밑 까맣도록 뽑고 온 날,
산소의 흔적을 지우며
손 한 번 만져보고, 발 한 번 만져보고
그러다 깨는 무지.
바보 천치도 제 몸에 뼈와 살이
부모 것인 줄 아는데
아, 부끄러운 망각이여!
하지 마라, 하지 마라 하던 일
내 부모 앞세웠던 거라면,
욕되게 한 날 손발 쓴 횟수보다 많아
두 손을 모으는데,
어찌 된 영문인지 아버지도
따라 두 손을 모읍니다.

세족식

예수님 적 사랑이다
스승과 제자 자식과 부모 혹은
생면부지의 사람들이 발 씻겨주기를 한다
낮고 천한 것 사랑하는 법
꿇어 낙타 등을 하고 발을 통해 배운다
서툴지만 닮았다

사랑은 우리 안에 있는 본성
나도 할 수 있을까, 이럴 때 싹이 튼다
여기 낮게 숙인 사랑의 의식이
또 얼마나 많은 사랑의 종種을 달 것인가,

발을 씻는다
남의 발은커녕 내 아버지 어머니
그 여윈 발 한 번 씻겨 보지 못한 불효한 손이,
알고도 행할 줄 모르는 오만한 손이,
아직도 제 발만 씻어댄다
…그런 탓일까,
이런 날은 까닭 없이 생인손이 아린다.

슬픈 자화상

탄을 캐며 검어진 사람,
사구 위에서 검어진 사람,
해풍에 검어진 사람,
가난을 벗기 위해 겨울을 나는 철새처럼
하늘을 건너고 바다를 건넜다
시간의 공백이 길수록
남은 자나 떠난 자의 가슴에는
고립무원 같은 섬이 생겼고
그들은 똑같은 병을 앓았다
문진을 하면,
검고 뿌옇다고 증언한다
변해야겠다는 이무기의 전설은 슬퍼,
그 같은 사람의 증언도 슬퍼,
섬을 찾아드는 파도처럼
한때 춤바람이 유행병처럼 돌았다
그리곤 잠잠해졌다.
언제 그랬냐는 듯 가슴에 생긴 섬에
갈매기가 둥지를 틀었다

더 머물지 못하고

외관을 갖추고 외할아버지
타고 걷고 타고 걸어
어스름 해질녘에 큰 딸 집에 들면
"아이고 아버지 그런다고 까치가
집 앞에서 종일 벅구춤을 추었던 가배요
오신 김에 며칠 쉬었다 가이소"
여름밤은 벼락보다 짧아 4시면 훤한 새벽
외관을 갖추고 외할아버지, 하루만에
타고 걷고 타고 걸을 채비를 하신다
어머니가 말려도 막무가내
짐승 때문에 간다는 외할아버지 몸에서
쇠오줌의 지린내가 났다
그후 몇 번의 까치가 울고
아이들 때문에 하루도 집을 못 비우던
어머니는 영정으로 기다렸다
집 앞 전봇대에서 까치가 운지 반나절만에
출가한 내 자식들 제 자식 때문에
서둘러 가는 날
난 그 까닭을 묻지 않았다

농번기

계십니까?
오지게 짖는 개
누구요! 하고 나올 법도 한데
개만 짖고 받아 짖고
사람 노릇 하네

공원 소묘

간유리 밖을 본다. 붙박이로 눌러앉아 장기를 두는 노인, 강냉이로 비둘기를 부르는 아이, 물레를 자아 실을 뽑듯 솜사탕이 말린다. 휙! 휘장을 치고 걷으면 다시 펼쳐지는 것은 사나운 현실이지만 그래도 평화의 새 비둘기는 여전히 무리를 지어 광장을 돌고, 사람들은 충무공, 전망대, 시계탑 앞에서 사진을 찍는다. 용두산 일백 구십 사 계단에 오르면 우남이라는 낯선 이름과 희미한 얼굴이 또박또박 떠오르고, 아득한 일들과 지금의 일들이 판박이로 돌아간다. 민화처럼 전해지는 우남 공원, 내게는 흑백으로 남아있다. 늙어도 늙지 않은, 죽어도 죽지 않은 모습으로,

100세 시대 3

천지의 기운이 쇠할 때
우리는 추수를 하며
하늘과 땅에 조아려 감사한다

부모의 기운이 쇠할 때
자식은 부모를 섬기며
저를 있게 해 준 은혜에 감사한다

자연은 늙으며 결실을 맺고
사람은 늙으며 후손을 둔다

이런 질서를 지키기 위해
난, 저 어린 묘목에 지탱하는
넝쿨손이 되지 않기를 소원한다

해를 등지고 피는 꽃

가려서 보지 못한 하늘보다 더 푸르다
막혀서 보지 못한 태양보다 더 빨갛다
응달에는 꽃도 안 피는 줄 알았다
해를 등지고 피는 게 무지개다

가오리 연

마른 생선이 널려있는 건어물 전. 건조를 위해 쳐 놓은 줄에 배에 대살을 끼운 가오리가 달려있다, 생 비린내를 버리고 싶은 이상을 이루었을까, 바람에 흔들흔들 자세를 잡아봐도 뜨지 못한다.

이상은 모험, 날지 못할 하늘을 날기 위해 대살로 뼈대를 만들고 종이로 꼬리도 달고 지느러미도 단다. 더 멀리, 더 높이 날고 싶어 얼레를 풀면 이상과 닮은 허공에 나뭇가지, 전깃줄,

모험은 죽음을 동반한다. 건어물 전 가오리, 전깃줄에 가오리, 바람에 흔들흔들 자세를 잡아 봐도 뜨지 못한다. 몇몇 죽음을 목격하고 가오리연, 바다를 헤치듯 지느러미를 움직여 방향을 튼다.

가오리 보다 더 가오리 같은 연을 날리며 잠시 바다에 든다. 저건 바다의 산 가오리, 난 가오리 비로소 죽음도 초월하고 모험을 건다.

착해지는 법

물고기를 쫓던 외손녀
"할머니, 나도 물고기를 잡고 싶은데
나는 아직 고기를 잘 못 잡아
할머니가 물고기를 잡아 주면
내가 데리고 놀 거야
그런데 오래 데리고 놀면 엄마 아빠가
보고 싶을 테니까 집으로 돌아가게
빨리 놓아줘야 해
대신 외삼촌 물고기를 잡고
삼촌 물고기도 잡아서 오래 가지고 놀게
다 컸으니까."
내원사 계곡에 들어서면
구족계를 받은 비구니보다 맑은
아이들 소리에
어른도 저절로 착해진다

헛수

돼지에게 쫓기는 꿈을 꾸었습니다. 밤새 도망치느라 기진맥진 그런 아침은 참으로 허망합니다. 그래도 오늘은 특별해서 부동산 전화를 받습니다. 좋은 물건이랍니다. 늙어 약값은 되겠다 싶어, 이것저것 재지 않고 돼지꼬리만큼 세가 나오는 점포 한 칸 계약했습니다. 은근히 부동산 불패를 믿지만 내 품에 돼지가 안 기던지, 새끼를 줄줄 단 돼지가 집으로 들던지, 뭐 이래야 돈이 된다는데 숫제 쫓겨만 다녔으니, 닥칠 황혼 걱정입니다. 하지만 오늘은 특별해서 흑돼지 삼겹살로 술 한 잔 걸칩니다. 먹은 것도 쳐줄는지…

종이 카네이션

꽃 한 송이를 종이로 접어 만들던 날, 여덟 살 내 짝은 흰 색종이를, 난 빨간 색종이를 썼다. 친구는 색종이를 접는 내내 말이 없었고, 난 벌써 흰 꽃을 만드는 친구가 이상해 보였다.

어버이날, 자식 수대로 카네이션 꽃을 받고 문득 꽃잎이 납작해지도록 흰 종이꽃을 교복 안주머니에 넣고 다니던 친구가 스쳤다. 별이라고 했다, 피난길에 잃은 엄마라고 했다. 탄피를 갖고 놀던 그때 오월은 교실 곳곳에 하얀 별들이 내려와 바스락거렸다.

하얀 종이 카네이션을 접으면 별 끝처럼 뾰족한 잎에서 어머니 무명치마 쓸리는 소리가 난다. … 오늘은 흰 색종이를 쓴다.

해설

모성애, 우주의 생명을 품다

허형만 시인 · 목포대 명예교수

모성애, 우주의 생명을 품다

허형만 시인 · 목포대 명예교수

오늘날 문학이 할 일은 무엇일까? 그 해답을 오스트리아 시인 잉게보르크 바하만(1926~1973)에게서 듣는다. "시인은 안개를 뚫고 날아온 부엉이처럼 깨어있어야 한다. 아테네 여신의 새인 부엉이는 지혜와 깨어있음을 상징한다. 문학이 할 일은 '냉정하고 끊임없이' 새로운 감각과 새로운 의식으로 부엉이처럼 깨어있는 존재가 되어야 한다."

조성범 시인을 사랑하는 독자들은 2년 전 출간된 시집 『갸우뚱』(세종출판사)을 기억할 것이다. 특히 그 시집 속의 첫 번째 작품 「별자리」라는 시가 부엉이처럼 깨어있는 조성범 시인의 시정신을 대변하고 있다는 사실 또한 기억할 것이다.

> 서면역 지하철 2호선 장산 행 5-2 스크린도어에 부착된 점자. 사용할 일이 없어서일까, 처음 봤다. 가끔 사실적 묘사를 해 볼 때가 있다. 눈을 감고 오돌토돌한 점자를 더듬으

며 생전 느껴보지 못한 정교한 어둠을 손끝으로 만져본다. 해독은 안 되지만 숱하게 봐온 구간 어디쯤 어디쯤…열차가 들어서고 눈을 뜬다. 막 도착한 맹인이 스크린도어의 점자를 더듬는다. 만약 내가 세상을 지팡이로 보게 된다면 난 차라리 돌이 되는 편이 낫겠다고 여긴 어둠, 그 속에서도 맹인은 캄캄한 길을 물으며 퇴화된 눈을 샛별처럼 깜박인다. 어둠속으로 통하는 문에는 오리온 페가수스 안드로메다 같은 별자리가 있다. 맹인과 함께 전철에 오른다. 작은 소망이 담긴 구간 역들이 별자리처럼 이어져 있다. 한 방향이다.

—「별자리」 전문

최영구 시인은 이 시에 대해서 "눈이 열린 자의, 눈이 감긴 자에 대한 사랑의 연민이 추상적 전언에 실려 오는 것이 아니라 삶의 구체성이나 감각적 시어에 의해 전달되는 성공적 작품이다."고 평한 바 있다. 그렇다면 2년 뒤의 시세계는 어떻게 변화되었을까? 조성범 시인은 최영구 시인이 자신의 시를 평하면서 "시인은 언제나 현실의 결핍이나 한계를 극복하기 위해 꿈꾸는 자들이다. 시인이 무엇을 노래했든 그것이 인간의 문제로 환원되는 것을 보면 더욱 그렇다."고 말한 것에 응답이라도 하듯 송장메뚜기가 날아가는 것을 따뜻한 시선으로 보여준다.

눈을 뜨고도 풀지 못 하는
생의 의문을 더듬이로 풀고 있는
송장메뚜기.
하오의 시간은 왜 차고,

봉분을 덮고 누운 사람들의 온기는
왜 따스한지,
망자의 머리는 북쪽, 다리는 남쪽
음지의 영혼도 죽으면 양지로 드는
여기는 세상과 반대라며
더듬이 하나를 뒤로 젖힌다.
방향을 잡은 듯
땅에 스며들지 못한 늙은 햇살 위를
알을 싣고 날아 본 한 때의 경험으로
송장메뚜기 난다

나이를 먹지 않고는 모르는
갈색과 갈색의 조화
—「송장메뚜기」 전문

시집 『갸우뚱』의 「별자리」가 "캄캄한 길을 물으며 퇴화된 눈을 샛별처럼 깜박"이는 맹인에 대한 화자의 따뜻한 시선이라면 "눈을 뜨고도 풀지 못하는/ 생의 의문을 더듬이로 풀고 있는" 이번 시집에서의 「송장메뚜기」는 "봉분을 덮고 누운 사람들의 온기"를 되살리는 깊은 애정의 더듬이이다. 동네 야산에서부터 높은 산에 이르기까지 널리 살아가고 있는 송장메뚜기는 본명이 등 검은 메뚜기인데도 무덤 근처에서 자주 보여 붙여진 이름인 듯하지만, 어떻든 화자는 갈색의 이 메뚜기의 관찰을 통해 무덤이 상징하는 갈색과의 조화로 하여 생명이 무엇인가를 성찰하게 한다. 그러한 성찰의 실천은 어머니에 대한 기억으로 시작한다.

장독에 소금물을 붓고 메주를 담그면
하얀 정월이 얼었다 녹았다 이열이 들면서
독 속에 서서히 검은 물 우러나는데,
그러면 우리는 그것을 단지
잘 뜬 간장이라고 하지만
삶의 전부가 정월이었던 내 어머니 속도
저처럼 검었겠구나 싶다
기억하면 장독 속에는
숯과 고추가 영문도 모르게 떠있었고
툭툭 터진 메주가 잠겨있었는데
왜 난 독 속에 해와 달이 있었다고 기억할까
어머니가 돌아가신 뒤로 독은 비고
빈 장독에는 아무것도 들지 않았다

사다 먹는 양조간장
장독 속 해와 달을 모르니 그냥 까맣다
—「조선간장」 전문

지금 시대에는 집에서 필요한 간장은 모두 양조간장을 사서 먹지만 화자가 기억하는 대로 옛날에는 모든 간장, 된장은 어머니가 장독에 손수 담그셨다. 존 홀 휠록은 말한다. "부단히 변하는 의식의 흐름 사이사이에 신비로운 의미 또는 독특한 완성미를 지닌 한 순간 혹은 여러 순간들이 나타날 것이다. (중략) 시는 끝없는 시간의 흐름으로부터 이러한 순간을 건져내어 시간을 초월한 형식 안에 가둠으로써 그 순간을 기록하여 보존한 예술 작품이다. 그렇게 함으로

써 그러한 순간을 추구하는 사람들에게 기억에 남을 만한 경험을 항상 새롭게 재현해 보여 줄 수 있다."고. 그렇다. 존 홀 휠록이 말하는 요지 그대로의 시 창작법에 충실한 조성범 시인에게 있어 "의식의 흐름 사이사이에 신비로운 의미 또는 독특한 완성미를 지닌 한 순간" 중에 "기억에 남을 만한 경험"은 어머니의 존재이다. 어머니는 살아생전에 "장독에 소금물을 붓고 메주를 담"가서 조선간장을 만드셨다. 물론 그 장독 안에는 필수적으로 "숯과 고추"가 떠있고. 이렇게 하여 잘 뜬 간장을 통해 "삶의 전부가 정월이었던 내 어머니 속"을 떠올리는 화자에게 있어 장독 속의 간장과 어머니는 한 몸이 된다. 아니, 한 삶이 된다. 이 기막힌 치환의 시적 기법은 장독 속에 잠긴 "툭툭 터진 메주"를 "해와 달"의 존재로 기억함으로써 결국 어머니의 정성과 사랑을 대변한다. 그러나 화자의 기억, 즉 어머니에 대한 기억은 "어머니가 돌아가신 뒤로 독은 비고/ 빈 장독에는 아무것도 들지 않았"음을 깨닫고, 어머니의 정성과 사랑의 간장 맛을 그리워하기에 이른다. 이와 같은 어머니에 대한 기억은 간장에서 뿐만이 아니다. 어머니가 손수 담그신 된장 맛과 어머니가 돌아가신 뒤 "엄마와 꼭 닮은 이모가 담근 된장" 맛도 다름을 안다.

어머니를 여의면 장맛도 잃는다
찾다보면 엄마와 꼭 닮은 이모가 담근 된장이
가장 비슷한 맛을 내긴 해도 다르다

우유와 젖맛이 달라도

다른 줄 모르고 우유를 먹는 아이,
모유를 먹지 못한 설움보다
젖을 뗄 때 설움이 더 커 우는 아이,

살다보면 잃은 것이 간절해질 때가 있다
아이 울음보다 더 큰 울음을 삼키면
세상 어디에도 없는 어머니,
세상 어디에도 없는 맛,

—「어머니와 된장」 전문

화자의 어머니에 대한 기억은 첫 행에서부터 절실하다. "어머니를 여의면 장맛도 잃는다"는 이 기막힌 통곡을 들어보라. 2009년도에 퓰리처상을 수상한 머윈(W. S. Merwin)은 자신의 시 「닮은 꼴」("A Likeness")에서 돌아가신 후에도 아직도 집안의 공간을 점유하고 있는 어머니, 집안 일을 돌보던 어머니의 역할과 사랑을 고스란히 떠올리며 "내가 가진 것은 기억뿐"이라고 노래한다. 조성범 시인 역시 어머니에 대한 존재와 부재의 시간과 공간을 적절하게 배치함으로써 "세상 어디에도 없는 어머니/ 세상 어디에도 없는 맛"을 기억하면서 "살다보면 잃은 것이 간절해질 때가 있"음을 우리에게 깨우쳐주고 있다. 그렇다. 화자의 이 간절함은 "씨가 날면 잔디가 못 산다고/ 이불 홑청 훔치듯 잡풀을 쏙쏙 뽑던"(「성묘 2」), "바람 분다 바람 들라/ 온몸으로 막아주던"(「문종이」) 어머니의 부재가 아닌 "내 몸에 살아있는"(「갑골문자 2」) 어머니의 존재의식으로 더욱 깊어지는지도 모를 일이다. 이러한 모성애는 조성범 시인으로 하여금 우주의 생명의식을 더욱 폭넓게 만들어준 스승이기도 했다.

막 날개를 단 곤충들이 부양을 합니다
날아본 경험이 없는 벌레를 놓칠세라
오르락내리락 새도 바쁩니다
아수라장이 된 숲을 날다 길에 떨어진 풍뎅이,
손이 가도 날지 않습니다
혹시나 싶어 마시던 커피 한 방울 줘 봅니다
입을 달싹거립니다, 신기하다 싶은데
갑자기 납니다, 깜짝 놀랐습니다
커피에 의지한 내 기운 같아서요
가끔 구사일생으로 살아난
운 좋은 사람들의 전쟁 이야기를 듣습니다
무언가가 돌봤다고 각자 생각대로 말합니다
풍뎅이는 지금 무슨 일이 일어났는지 모릅니다
애벌레적 생사의 줄타기를 모르듯이,
어떤 관용의 힘으로
내가 새 날을 맞는지 모르듯이,

—「모르듯이」 전문

숲속에서 벌어지고 있는 상황이 마치 현실적인 인간사회와 같다. 이 시에 등장하는 풍뎅이는 "막 날개를 단 곤충" 중의 일원이며 "날아본 경험이 없는 벌레"이다. 화자는 "아수라장이 된 숲을" 거닐다 "길에 떨어진 풍뎅이"를 발견하곤 이 생명에 관심을 갖는다. "손이 가도 날지 않"던 풍뎅이에게 “혹시나 싶어 마시던 커피 한 방울”을 떨어뜨려 주었더니 풍뎅이가 “입을 달싹거”리더니, “갑자기” 날아간다. 풍뎅이가 살아 날아가면서도 “지금 무슨 일이 일어났는지 모”를 수밖에 없지만, 화자의 풍뎅이에 대한 관심은 곧 우주의 생명체에 대한 따뜻한 시선과 사랑에 다름 아님을 보여주기에 충분하다. “어떤 관용의 힘으로/ 내가 새 날을 맞는지 모르듯이” 한 생애가 그리 지나가지만 그럼에도 불구하고 우리의 삶의 진실은 마치 화자가 풍뎅이에게 적셔주었던 “마시던 커피 한 방울”처럼 그 “어떤 관용의 힘”을 “모르듯이” 무의식적으로 의식하며 살아가고 있다는 것이다. 그래서 조성범 시인은 “응달에는 꽃도 안 피는 줄 알았다”(「해를 등지고 피는 꽃」)가 해를 등지고 피는 꽃이 무지개임을 깨닫기에 이르렀는지 모른다.

사람이 떠난 자리,
더 이상 생기는 없으리라 생각했다
빈 집을 기웃거리며
산과 들, 짐승과 사람이
한때 한 호흡을 하며 살아가던
‘농자천하지대본’의 품위를 떠올린다
아직 발아의 힘이 남아있는 고방에는
흙냄새 같기도 하고, 두엄냄새 같기도 하고,
어쩌면 땀 냄새 같기도 한, 묵은 냄새가
봄과의 협약을 기다리고 있다
뻐꾸기 소리를 기억하는 종자 씨,
흙냄새를 기억하는 씨감자,

그러나 농부의 백기는 종자의 희생을 부른다
흙에 뿌리를 내리지 못한 씨감자,
온몸이 쭈글쭈글해지도록
제 몸 먹여 파란 순을 키우고 있다
봄은 죽어가는 그 어떤 것도
그냥 두지 않는다는 기억으로

—「봄과의 협약」 전문

현대시에서 '빈 집'에 관한 시는 많다. 특히 80년대에 들어서 도시로 떠나버린 농촌 인구의 격감으로 농촌마다 빈 집이 늘었던 탓도 있겠지만, 이러한 현상에 시인들의 관심 또한 비례적으로 높았기 때문이다. 조성범 시인 역시 '빈 집'에 관한 관심을 보이면서도 특히 살림살이를 넣어두었던 고방庫房에 미처 가져가지 못한 "종자 씨"와 "씨감자"를 "생기"와 연관시킨 생명에 관한 시적 성찰이 돋보인다. "사람이 떠난 자리"의 빈 집을 기웃거리며 "더 이상 생기는 없으리라 생각했"던 "고방"에서 "봄과의 협약을 기다리고 있"는 생명들, 즉, "뻐꾸기 소리를 기억하는 종자 씨"와 "흙냄새를 기억하는 씨감자"를 발견한다. 특히 농부가 미처 심지 않고 떠난 뒤 "온몸이 쭈글쭈글해지도록/ 제 몸 먹여 파란 순을 키우고 있"는 씨감자에서 "봄은 죽어가는 그 어떤 것도/ 그냥 두지 않는다는 기억"을 떠올림으로써 우주 자연의 섭리를 다시금 깨닫게 한다. "오늘도 새끼의 비상을 위해/ 제 배를 채우지 않고/ 벌레 한 마리를 꽉 물고 높은 데를 난"(「알게 되면」), "저 동천 '썩은 다리' 위를 찾아와 노는 갈매기처럼 그때는 죽다가 살아"(「복원」)난 강, "땅은 나무를 키워 새를 먹였고/ 여기저기 똥을 눠/ 씨를 퍼뜨"(「순환의 고리 3」)린 새의 생명 나누기 등 조성범 시인의 시정신의 깊이가 닿는 곳마다 생명의 숨결이 출렁인다.

> 아무리 맛깔나는 삶이라도
> 한 가지 맛으로만 산다면 그건 싱거운 일.
> 자란 곳이 서로 다른 나물에
> 생의 감초 같은 고추장 두어 숟갈 넣고
> 밥과 함께 비벼보면, 쓰고 달고 맵고 짠
> 제 잘난 맛은 없고 팔도의 맛을 낸다.
> 사람 사는 동네도 가난한 동네는
> 열두 곳도 더 거쳐 온 영혼들이 모여
> 달그락 쨍그랑 오만가지 소리를 내며 사는데
> 무슨 맛으로 사는지는 몰라도
> 보면 서로 머리를 숙이고 웃음을 섞는
> 비빔밥 같은 사람들,
> 어쩌다 함께 밥을 먹는 날이면
> 한 양푼 가득 밥을 비벼 여러 개의 수저로
> 달그락거리며, 누가 먼저랄 것도 없이
> 서로 더 먹으라며 밥을 미는
> 서로 성이 다른 사람들.
>
> —「달그락 쨍그랑」 전문

음식 중에서도 비빔밥만큼 모든 생명을 아우르는 음식이 또 있을까? 그래서 오세영 시인은 음식나라에선 비빔밥이 민주국가이고 공화국이고 복지국가라고 노래했다. 음식나라에선 한국이 민주주의이고 한국의 비빔밥이 민주주의라는 절창을 남겼다. 조성범 시인 역시 비빔밥이야말로 온갖 생명들이 "제 잘난 맛은 없고 팔도의 맛을 낸다"고 말한다. 조성범 시인의「달그락 쨍그랑」이 특히 우리의 관심을 끄는 이유는 시인의 이웃, 가난한 이웃에 대한 따뜻한 사랑의 정신을 비빔밥의 정신으로 치환시켰다는데 있다. 영혼이 가난한 사람들이 내는 달그락 쨍그랑거리는 오만가지 아픈 소리를 잘 비빈 구수한 비빔밥에 담는다. 그리고 "서로 더 먹으라며 밥을 미는" 사람들이라며 물질적 가난이 결코 삶의 가난이 아님을 노래한다. "사람 사는 동네도 가난한 동네는/ 열두 곳도 더 거쳐 온 영혼들이 모여/ 달그락 쨍그랑 오만가지 소리를 내며 사는데/ 무슨 맛으로 사는지는 몰라도/ 보면 서로 머리를 숙이고 웃음을 섞는/ 비빔밥 같은 사람들"이 바로 우리 모두의 이웃이며, "쇳가루 용접 똥이 묻은 하루치 노동을 털고 조선소를 나서 봉래동 기슭을 오르는"(「영도」) 노동자도 우리 이웃이며, "대목장을 돌아도 꿍언 주머니/ 그래도 후후 곱은 손을 녹이면/ 따스한 입김이 솜처럼"(「장돌림」) 이는 장돌뱅이도 우리 이웃이며, "가난한 사람들이 순서 없이 모여 사는/ 산의 1번지"(「순서」), "연탄나누기의 온기가 식은 봄,/ 산 번지의 추위"(「꽃샘추위」)를 견디며 사는 사람들 모두 시인의 비빔밥 같은 사랑의 이웃이라는 사상을 읽을 수 있다는 것은 곧 시인의 따뜻하고 넉넉한 생명의 숨결을 느낄 수 있다는 점에서 얼마나 행복한 일인가.

그래서 우리가 조성범 시인의 시를 좋아하지 않을 수 없는 이유가 아마도 "돋보기를 끼고도 구멍을 못 찾고 긴 한

숨만 꿰어 내게 바늘을 넘기"(「이상한 꿈」)는, 원초적 모성애와 부모님에 대한 각별한 생각으로 우리의 가슴을 먹먹하게 하는, 다음과 같은 사랑노래, 「꿰맨 양말」 때문이 아닐까?

두 짝이 하나인 양말
엄지발가락 쪽이 잘 터진다
발뒤꿈치가 잘 헤진다
아버지의 길 같은, 어머니의 길 같은,

양말은 떨어져도 재봉틀을 쓰지 않는다

쉽게 터지지 않게 양쪽을 말아
한 땀 한 땀 손으로 꿰맨 양말,
그 자국 창피해 신지 않으려는 것은
그 힘을 모르기 때문이다

꿰맨 양말을 신는다
발가락이, 발뒤꿈치가 터지도록 키워준
아버지, 어머니의 무쇠 같은 힘이 발에 실린다

까짓 평지쯤이야, 산 쪽이면 어떠랴
터지고 헤진 자리 더 야물어 솟는 용기

— 「꿰맨 양말」 전문

성범 형 시를 읽고

정익진 시인

성범 형 시를 읽고

정익진 시인

1.

직방이다. 조성범의 언어는 애매하거나 주춤거리지 않는다. 우회하거나 굳이 어렵게 말하지 않는다. 역시 직방이다. 문어체이지만 구어체로 읽힌다. 목소리가 들려온다. 화자의 것 뿐만 아니라 등장인물의 목소리도 들려온다. 전달이 분명하고 깨끗하다. 농촌을 배경으로 지은 시가 많아도 전혀 예스럽지가 않다. 생태적일 뿐이다. 만물 평등주의 사상이 깃들어있다. 우리 민족만이 가지고 있는 토착어와 소재를 사용한다. 그렇지 않아도 번역한 듯한 문장은 단 한 군데도 없다. 이른바 조성범 시인만이 말할 수 있는 고유어를 맛볼 수 있다. 짧은 시편들도 절창이다. '시는 한 줄이다',라고 어느 선배 시인은 입버릇처럼 말한다. 시인의 시 한 편 한 편마다 반드시 강력한 한 방이 숨어있다. 그 반전의 매력은 조성범의 시의 격을 한층 더 높여준다.

2.

미켈란젤로, 라파엘로, 조토 등등, 위대한 프레스코화가들이 그린 벽화는 복원사의 섬세하고 장인다운 손길을 거쳐 마침내 오랜 시간의 침묵을 깨고 그 찬란하고 선명한 색과 형태를 드러낸다. 이런 의미에서 조성범 시인은 과거라는 벽화를 생생하게 살려내는 복원사이다. 누렇고 하얗게 빛바랜 사진을 해상도가 기가 막힌 총천연색으로 되살려낸다. 희미한 옛사랑의 그림자처럼 아련함에 사로잡혀 그 시절에만 머물게 하지 않는다. 또한 그리움과 연민을 말하되 그 요소들이 현재 속에서 생생하게 살아 있도록 한다. 무엇보다도 시인에게 어머니는 매우 각별한 존재일 터, 지금을 사는 시인의 몸에 여전히 어머님의 피가 돌고 있고 어머니의 시선으로 현재를 바라볼 정도에 이르게 된다. 시인의 손등에 새겨진 어머니라는 갑골문자, "그래서일까,/ 무엇을 빌듯이 손을 자주 문지른다."

3.

아! 시 좋다. 야, 기분 좋다!

조성범

시인 조성범은 울주군 월평에서 태어나 부산에서 성장했다. 학부과정 외 부경대 21C 최고위과정, 부산생태귀농학교, 신라대 마을전문가 과정 수료. 경영인이었으나 생태적인 삶에 뜻을 두고 인턴농부(산청군) 과정을 거쳐 잠시 지리산에 머물렀다. 현재 부산문인협회 사무국장 · 한국문인협회 해양문학연구위원 · 부산시인협회 회원으로 있으며 녹지사, 사회공헌 활동가, 생태학, 교육협동조합에 관한 일을 겸하고 있다.
문학과 관련된 상으로는 정과정문학상 · 부산시단작품상 · 한국꽃문학상 · 부산예술인총연합회,부산문인협회,시인협회 공로상을 수상했으며 비 문학상으로는 대통령(2010년) · 부산시장(2007년) 표창, 휘호 외 다수 기관장 상, 사회봉사단체상을 받았다.
시집으로는『갸우뚱』,『달그락 쨍그랑』외 몇 권의 공저가 있다.

이메일 : csb8466@hanmail.net

조성범 시집

달그락 쨍그랑

발　　행 2017년 7월 15일
지 은 이 조성범
펴 낸 이 반송림
편집디자인 김지호
펴 낸 곳 도서출판 지혜
　　　　계간시전문지 애지
기획위원 반경환 이형권 황정산
주　　소 34624 대전광역시 동구 선화로 203-1, 2층 도서출판 지혜 (삼성동)
전　　화 042-625-1140
팩　　스 042-627-1140
전자우편 ejisarang@hanmail.net
애지카페 cafe.daum.net/ejiliterature

ISBN : 979-11-5728-239-5 03810
값 9,000원